Hinweis:

Alle Informationen in diesem Buch wurden vom Verlag sorgfältig erwogen und geprüft. Der Verlag übernimmt keinerlei Haftung für etwaige Personen-, Sach- und Vermögensschäden, die sich aus dem Gebrauch dieses Buches ergeben. Bitte unbedingt die Herstellerangaben der zu verwendenden Produkte und Geräte beachten!

Bei Fragen oder Problemen rund um die Themen Schlaf und Entspannung bitte einen Spezialisten aufsuchen.

Fotos:
Shutterstock.com – © Africa Studio, S. 49 / Dudits, S. 21 / etorres, S. 48 / Fortyforks, S. 46 / Hugh Lansdown, S. 8 / Julia Metkalova, S. 20 / Liliya Kandrashevich, S. 47 / Martijn Smeets, S. 41 / Nataliya Arzamasova, S. 22 / Vladimir Wrangel, S. 40 / worldswildlifewonders, S. 9, S. 71 / zarzamora S. 23

Maike Reinhardt, S. 10, 12, 16, 17, 18, 25, 28, 31, 33, 36, 38, 43, 44, 45, 50, 52, 53, 54, 56, 58, 60, 66, 73

Impressum:
© 2018 NICI GmbH / www.nici.de
Alle Rechte vorbehalten / Hergestellt in Lizenz
© 2018 Kids & Concepts GmbH • Senefelderstr. 22 • D–70176 Stuttgart
Konzeption: Cora Friedrich • Kids & Concepts GmbH
Mitarbeit: Stefanie Kern • Kids & Concepts GmbH
Grafik: AW Grafik Design • Andrea Bala
Gedruckt in Europa
www.friendz-verlag.de

Das ultimative Faultier-Fanbuch

CHILLEN UND SPASS HABEN

Inhalt

Bastelideen

Leckereien

Wissenswertes

VERRÜCKTE FAKTEN ÜBER FAULTIERE

Zwei Gattungen

Heute gibt es nur noch zwei Gattungen Faultiere: die Dreifingerfaultiere und die Zweifingerfaultiere. Am einfachsten unterscheidet man sie an der Anzahl der Finger. Logisch, oder?

Faulpelze?

Trotz seines Namens ist das Faultier nicht wirklich faul, nur eben sehr effizient: Um Energie zu sparen, machen Faultiere alles gaaanz laaangsam. Sie verbringen zwar rund 20 Stunden am Tag mit Ausruhen, Dösen und Schlafen, aber die Uhren der Faultiere ticken einfach ein bisschen anders.

Untermieter im Fell

Im Faultier-Fell ist ganz schön was los: Da leben Motten und Käfer, Schmetterlinge legen ihre Eier ab und es wachsen und gedeihen Pilze und Algen. Die Algen färben das Fell grünlich. Dadurch und natürlich weil es sich nur sehr langsam bewegt, ist das Faultier im Dickicht des Dschungels kaum zu erkennen.

Besonders in der Regenzeit schimmert das Fell durch die Algen grünlich.

Das freundliche Lächeln ist typisch für Dreifinger-faultiere.

Kopfdreher

Faultiere können genau wie Eulen ihren Kopf um 270 Grad drehen. Ganz entspannt und ohne große Mühen erreichen die Pflanzen-fresser so viel mehr Blätter.

Faultier to go

Chill Bill als süßer Anhänger

Du brauchst:

- Modelliermasse in Beige, Braun, Schwarz und Weiß
- Modellierwerkzeug
- Schaschlikspieß
- Acrylroller, Nudelholz o. Ä.
- Messer
- Glanzlack für Modelliermasse
- dünnes Lederband

Und so geht's:

1. Die beigefarbene Modelliermasse weich kneten und daraus den Körper mit Schwänzchen, die Beine und den Kopf formen. Die Vorderbeine dabei etwas länger machen als die Hinterbeine. Vier sehr dünne Röllchen formen und sie als Haare oben am Kopf anbringen.

2. Den Kopf und die Beine am Körper befestigen und die Kanten weich verblenden. Alle vier Beine so zusammenführen, dass sie sich berühren. Mit dem Spieß ein Loch für das Lederband durch die Beine stechen.

3. Die weiße Modelliermasse weich kneten und eine kleine Kugel daraus formen. Die Kugel sehr dünn ausrollen und mit dem Messer die Form des Gesichts ausschneiden. Das Gesicht vorsichtig am Kopf anbringen.

4. Die braune Modelliermasse weich kneten, eine Kugel formen und sehr dünn ausrollen. Aus der Masse Flecken für die Augenumrandungen ausschneiden und diese am Gesicht befestigen.

5. Die schwarze Modelliermasse weich kneten, zwei winzige Kugeln für die Augen und eine herzförmige Nase formen und alles auf dem Gesicht platzieren. Mit einem spitzen Werkzeug zwei sehr winzige Krümel Weiß als Pupillen auf die schwarzen Augen setzen.

6. Mit einem spitzen Werkzeug dem Faultier Mund und Finger- bzw. Fußkrallen einritzen. Als Dreifingerfaultier hat Chill Bill an jedem Fuß und jeder Hand drei Krallen.

7. Den Faultier-Anhänger auf ein mit Backpapier ausgelegtes Backblech legen und nach Herstellerangaben der Modelliermasse backen. Danach auskühlen lassen und mit dem Lack bepinseln. Den Lack gut trocknen lassen.

8. Das Lederband durch das Loch in den Beinen fädeln und zu einer Kette verknoten. Jetzt ist Chill Bill fertig und kann ausgeführt werden!

Espresso-Schoko-Muffins

Slow Joe zum Anbeißen

Zutaten:

für etwa 12 Stück

Für den Teig:
- 50 ml Espresso
- 75 ml Milch
- 150 g Mehl
- 1 TL Backpulver
- ¼ TL Natron
- 25 g Kakao
- 1 TL Zimt
- 1 Ei
- 60 ml neutrales Öl
- 100 g Zucker
- 1 Pck. Vanillezucker
- 1 Prise Salz
- 50 g Schokotropfen

Für die Deko:
- 100 g Marzipanrohmasse
- Puderzucker
- Kakao
- Wasser

Außerdem:
- runder Ausstecher, Glas o. Ä.
- Muffinförmchen
- Gefrierbeutel
- Zahnstocher

Und so geht's:

1. Espresso mit Milch mischen und beiseitestellen. Mehl, Backpulver, Natron, Kakao und Zimt mischen und sieben.

2. Ei, Öl, Zucker, Vanillezucker und Salz kurz verrühren und hell aufschlagen.

3. Espressomischung und Mehlmischung in die Eimasse einrühren, bis ein glatter Teig entsteht. Nicht zu lange rühren! Schokotropfen unterheben.

4. Die vorbereiteten Muffinförmchen halb voll mit Teig füllen. Muffins für etwa 10–15 Minuten bei 180 Grad im vorgeheizten Backofen backen. Muffins vollständig erkalten lassen.

5. Für das Faultiergesicht Marzipanrohmasse mit etwa einem Esslöffel Puderzucker verkneten. Einen Teil der Masse abtrennen und mit Kakao hellbraun färben. Davon einen kleinen Teil mit noch mehr Kakao mischen und dunkelbraun färben. Alle Marzipanmassen zwischen zwei aufgeschnittenen Gefrierbeuteln dünn ausrollen.

Aus der hellen Masse Kreise ausstechen und auf den Muffins anbringen, das werden die Gesichter. Aus der hellbraunen Masse längliche, abgerundete Streifen für die Augenflecken ausschneiden. Aus der dunklen Masse kleine Quadrate für die Nase und längliche Streifen für die Haare ausschneiden. Alles im Gesicht platzieren.

6. Für die Augen aus etwas Puderzucker und Wasser einen Zuckerguss herstellen. Er sollte zähflüssig sein. Mit dem Zahnstocher vorsichtig das Weiß der Augen auftupfen. Aus dem dunklen Marzipan für jedes Auge nun eine kleine Kugel als Pupille herstellen und anbringen.

7. Mit dem Zahnstocher Mund, Augenbrauen und Locken einritzen.

Der **Kaffee** ist **kaputt!**

Ich bin immer noch **müde.**

Kleine Helferlein
Coole Paperclips

Du brauchst:
- Vorlagen von S. 74–75
- dickeres Papier
- Schere
- Klebstoff
- große Büroklammern

CHRRR!

Und so geht's:

1. Beide Seiten der Motive auf das dickere Papier kopieren und ausschneiden.

2. Büroklammer auf der Innenseite  eines der Motive befestigen. Zweites Motiv mit der Innenseite darauflegen und beide Motive aufeinanderkleben. Alles gut trocknen lassen. Der Paperclip ist jetzt bereit und kann genutzt werden, um schnell wichtige Stellen zu markieren oder einfach süß aus einem Kalender hervorzuschauen.

Chiller-Rucksack
Stylish unterwegs

Du brauchst:
- waschbares Papier
- Vorlage von S. 76
- Pappe
- Klebstoff
- Bastelskalpell
- Stift
- Rucksackbeutel aus Baumwolle
- Backpapier
- Textilkleber

Und so geht's:

1. Die Buchstaben und das Rautezeichen von Seite 76 in der gewünschten Größe kopieren, auf die Pappe kleben und ausschneiden. Nun sind alle Schablonen vorbereitet.

2. Das Rautezeichen und alle Buchstaben auf das waschbare Papier übertragen. Dabei nicht vergessen, das L zweimal aufzumalen! Alles vorsichtig ausschneiden.

3. Bevor die Buchstaben und das Zeichen auf den Rucksack aufgeklebt werden, sollte der Rucksack kurz gebügelt werden, damit die zu beklebende Fläche schön glatt ist.

4. Unbedingt Backpapier oder ein mit Backpapier umhülltes Stück Pappe in den Rucksack legen, damit der Textilkleber den Rucksack nicht zusammenkleben kann. Die Buchstaben und das Zeichen auf den Rucksack kleben. Herstellerangaben für den Textilkleber beachten! Kleber gut trocknen lassen. Und fertig ist der stylishe Rucksack!

Für Schokoholics

Kakao mit Marshmallows

Zutaten:
für 2 Portionen
- 500 ml Milch
- 180 g Vollmilch- oder Zartbitterschokolade
- 10 kleine Marshmallows
- Zimtpulver
- Zimtstange
- weitere Marshmallows, klein und groß

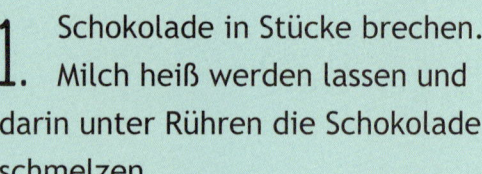

Zubereitung:

1. Schokolade in Stücke brechen. Milch heiß werden lassen und darin unter Rühren die Schokolade schmelzen.

2. Die kleinen Marshmallows auf die Tassen verteilen und mit der noch heißen Schokoladen-milch übergießen. Damit sich die Marshmallows leichter auflösen, mit einem Löffel umrühren.

3. Zum Anrichten in jede Tasse weitere Marshmallows geben, mit Zimtpulver bestreuen und eine Zimtstange hinzufügen.

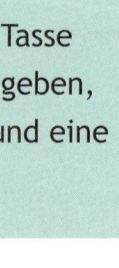

Schoko-Kirsch-Traum

Zutaten:

für 2 Portionen

- 200 g Kirschen (TK)
- 4 Kugeln Schokoladeneis
- 100 ml Milch
- Zimtpulver nach Belieben
- Sahne
- 2 frische Kirschen

Zubereitung:

1. Alle Zutaten außer der Sahne und den frischen Kirschen in einen Mixer geben und schaumig pürieren.

2. Sahne steif schlagen. Schoko-Kirsch-Masse auf zwei Gläser verteilen, jeweils mit einer Sahnehaube und einer Kirsche garnieren.

Heiße weiße Schokolade

Zutaten:

für 2 Portionen

- 500 ml Milch
- 150 g weiße Schokolade
- 100 ml Sahne
- Zimtpulver

Zubereitung:

1. Schokolade in Stücke brechen. Milch heiß werden lassen und darin unter Rühren die Schokolade schmelzen.

2. Sahne steif schlagen. Schokomilch auf zwei Gläser verteilen und jeweils mit einer Sahnehaube dekorieren. Mit Zimt bestreuen.

Lieblingsschokoriegel zum Trinken

Zutaten:

für 2 Portionen

- 200 g Schokoriegel der Lieblingssorte
- 300 ml Milch
- 200 ml Sahne
- verschiedene Süßigkeiten zum Garnieren

Zubereitung:

1. Schokoriegel in Stücke hacken. Milch heiß werden lassen und darin unter Rühren die Riegel schmelzen. Bei Schokoriegeln mit harten Zutaten wie Nüssen am besten die Schokomilch nach dem Schmelzen pürieren. Dazu Schokomilch vom Herd nehmen und vor dem Pürieren etwas abkühlen lassen. Wer seine Trinkschoki ganz ohne Stückchen haben möchte, siebt die letzten Stückchen anschließend heraus.

2. Schokomilch im Topf wieder auf den Herd stellen, Sahne hinzufügen und auf niedriger Stufe erwärmen.

3. Milch auf zwei Gläser verteilen und nach Belieben mit Süßigkeiten dekorieren.

Blattwerk
Windlicht mit Dschungel-Flair

Du brauchst:
- Modelliermasse in Grün und Weiß
- Vorlagen von S. 76
- Messer
- Acrylroller, Nudelholz o. Ä.
- Modellierwerkzeug
- Glasgefäß, z. B. Einweck- oder Marmeladenglas
- ggf. Glanzlack für Modelliermasse
- Teelicht

Und so geht's:

1. Modelliermasse weich kneten und je nach gewünschtem Farbton Weiß in die grüne Masse einkneten. Masse gleichmäßig etwa 5 mm dünn ausrollen.

2. Blattvorlagen von Seite 76 in den gewünschten Größen kopieren und ausschneiden. Vorlagen auf die Modelliermasse legen und Motive aus der Masse ausschneiden. Darauf achten, dass auch die Löcher in den Blättern ausgeschnitten werden. Kanten ggf. glätten.

3. Genügend Blätter in unterschiedlichen Größen vorbereiten und überlappend auf dem Glasgefäß platzieren. Dabei Blätter vorsichtig leicht andrücken.

4. Glasgefäß auf ein Backblech stellen und nach Herstellerangaben der Modelliermasse im Backofen backen. Danach abkühlen lassen.

5. Wer den Blättern mehr Glanz verleihen möchte, kann sie mit Lack bestreichen. Gut trocknen lassen.

6. Mit einem brennenden Teelicht schafft das Windlicht eine total schöne Atmosphäre.

SCHLAF GUT!

5 Tipps für eine erholsame Nacht

Streit mit der besten Freundin? Termindruck bei der Arbeit?
Und morgen steht auch noch ein Zahnarztbesuch an?
Einige Dinge, die wir tagsüber erlebt haben oder die uns bevor-
stehen, lassen uns auch nachts nicht los und stören unseren Schlaf.
Hier ein paar Tipps, um wieder besser schlafen zu können.

Geräte ausschalten

TV, Smartphone und Tablet – sosehr
wir diese Geräte auch lieben, vor
dem Schlafengehen sollten wir sie
ausschalten. Zum einen gaukelt uns
das blaue Licht, das die Geräte verströmen, vor, wir bräuchten keinen
Schlaf. Und zum anderen könnte
das, was wir lesen oder sehen, uns
vom Schlafen abhalten. Ein langer
Chat mit der besten Freundin sollte
besser bis morgen warten.

Schlaf-Killer Stress

Wer Probleme mit dem Einschlafen
hat, sollte vor dem Zubettgehen
Stress vermeiden. Also keine nerven-
aufreibenden Thriller im Fernsehen
anschauen, den spannenden Krimi
lieber am nächsten Tag weiterlesen
und aufpushenden Sport am besten
auf nachmittags verlegen.

Bei schwerwiegenden
oder anhaltenden Schlaf-
problemen bitte einen
Spezialisten aufsuchen.

Rituale pflegen

Allabendliche Rituale können uns auf eine gute Nacht einstimmen und so für einen erholsamen Schlaf sorgen. Eine gute Tasse Tee, sanfte Musik, Meditation oder ein entspannendes Bad – das sind nur ein paar Beispiele, sich etwas Gutes zu tun und vom stressigen Alltag abzuschalten. Einfach mal ausprobieren!

Einfach dufte!

Lavendel ist nicht nur hübsch anzusehen, der Duft dieser Pflanze hat auch eine beruhigende und entspannende Wirkung. Das Gewächs ist also ideal fürs Schlafzimmer! Aber auch ein paar Tropfen ätherisches Lavendelöl oder ein Duftsäckchen mit getrockneten Lavendelblüten verströmen den angenehmen Duft.

Gedankenkarussell anhalten

Ängste und Sorgen nicht mit ins Bett nehmen. Dauergrübeln, vor allem über Dinge, die man im Moment sowieso nicht ändern kann, behindert unseren Schlaf. Am besten in einem Notizbuch aufschreiben, was einen gerade belastet, und sich selbst sagen: „Daran kann ich jetzt nichts ändern. Da kümmere ich mich morgen drum. Das wird schon!" Am nächsten Tag sehen die Probleme oft weniger bedrohlich aus.

Sprüche-Armband
aus Leder

Du brauchst:
- breites Lederband, etwa 5 mm dick
- Schere
- Prägebuchstaben
- Hammer
- Lochzange
- Ösen
- Nietenzange
- farbige Lederschnur

Und so geht's:

1. Lederband auf die gewünschte Länge zuschneiden. Das Band muss nicht komplett um das Handgelenk reichen. Durch die Schnürung später kann das Band für jeden individuell angepasst werden.

2. Spruch mit den Prägebuchstaben in das Band hämmern. Unbedingt darauf achten, die Buchstaben nicht falsch herum zu platzieren.

3. In jedes Bandende mit der Lochzange ein Loch stanzen und darin dann die Ösen mit der Nietenzange anbringen. Das Loch darf nicht zu groß für die Öse sein. An einem Ende die Lederschnur durch das Loch fädeln und befestigen. Armband ums Handgelenk legen, die Schnur durch das andere Loch schieben und verknoten.

Schön verziert

Nette Etiketten

Du brauchst:
- Vorlagen von S. 74
- dickeres Papier
- Schere
- Stift
- Klebstoff

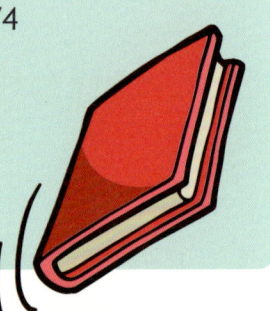

Und so geht's:

1. Etiketten in der gewünschten Größe auf das dickere Papier kopieren und ausschneiden.

2. Beschriften und aufkleben.

Süßer Stiftschmuck

Du brauchst:
- Vorlage von S. 75
- dickeres Papier
- Schere
- Klebestreifen
- Stift

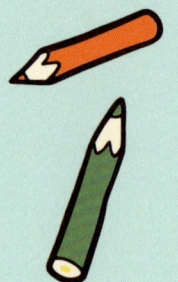

Und so geht's:

1. Beide Seiten von Chill Bill in der gewünschten Größe auf das dickere Papier kopieren und ausschneiden.

2. Von hinten an einer Motivhälfte den Stift mit Klebestreifen fixieren, danach die andere Motivhälfte festkleben. Beim Schreiben an dem Anblick des süßen Faultiers erfreuen.

Tipp:
Die Etiketten sind auch super für Marmeladen-
gläser und Co. geeignet!

Teebeutel-Halter

Trink Tee mit Slow Joe!

Du brauchst:

- Modelliermasse in Braun, Weiß und Schwarz
- Messer
- Modellierwerkzeug
- Tasse
- Acrylroller, Nudelholz o. Ä.
- Glanzlack für Modelliermasse

Und so geht's:

1. Die braune Modelliermasse weich kneten und daraus den Körper mit Schwänzchen und den Kopf formen. Den Kopf am Körper befestigen und die Kanten weich verblenden.

2. Unten am Bauch mit dem Messer längs einen Schnitt setzen und die Figur mit dem Schnitt auf den Rand der Tasse drücken. Der Körper sollte nun von alleine auf dem Tassenrand

halten. Die Figur von der Tasse nehmen und die Kanten der Rille am Bauch ein wenig glätten.

3. Figur wieder auf die Tasse setzen. Aus der braunen Modelliermasse nun zwei Arme und zwei Beine formen. Die Arme sollten etwas länger sein als die Beine. Arme und Beine am Körper befestigen und jeweils links bzw. rechts über den Tassenrand baumeln lassen. Die Kanten weich verblenden.

I
LOVE
TEA

4. Etwas weiße Modelliermasse weich kneten und zusammen mit etwas brauner Modelliermasse ein helleres Braun für das Gesicht und die Krallen herstellen.

5. Zwölf Krallen formen und an jeder Hand und jedem Fuß jeweils drei Krallen anbringen.

6. Aus der übrigen hellbraunen Masse eine Kugel formen und sie sehr dünn ausrollen. Mit dem Messer daraus die Form des Gesichts ausschneiden und das Gesicht am Kopf befestigen.

7. Aus der braunen Modelliermasse eine kleine Kugel formen, dünn ausrollen und daraus die Flecken für die Augenumrandungen ausschneiden. Ein kleines Stück schwarze Modelliermasse weich kneten und daraus zwei kleine Kugeln für die Augen und eine größere für die Nase formen. Alles im Gesicht platzieren. Mit einem spitzen Werkzeug zwei sehr winzige Krümel Weiß als Pupillen auf die schwarzen Augen setzen.

8. Aus der braunen Modelliermasse kleine Kügelchen formen und oben auf den Kopf setzen. Mit einem spitzen Werkzeug kleine Löcher in die Kügelchen piksen, damit sie aussehen wie Locken.

9. Mit einem spitzen Werkzeug dem Faultier einen Mund einritzen.

10. Das Faultier samt Tasse auf ein Backblech stellen und nach Herstellerangaben der Modelliermasse backen. Danach auskühlen lassen und die Figur mit dem Lack bepinseln. Auch die Unterseite nicht vergessen!

11. Bei der nächsten Tasse Tee wird Slow Joe dafür sorgen, dass der Teebeutel nicht mehr ins heiße Wasser rutscht. Teebeutelfaden dem süßen Faultier dafür einfach über den Rücken legen und das Etikett unter seinem Arm festklemmen.

Ich bin nicht
faul,
ich häng hier
nur rum.

Leckere Blätter

Kekse aus Mürbeteig

Zutaten:

für etwa 30 Stück

Für den Teig:
- 150 g Mehl
- 1 Msp. Backpulver
- 50 g Zucker
- 1 Pck. Vanillezucker
- 1 Prise Salz
- 100 g weiche Butter
- Lebensmittelfarbe in Grün

Für die Deko:
- Zuckerstifte in Grün und Weiß
- Puderzucker
- Zitronensaft oder Wasser
- Lebensmittelfarbe

Außerdem:
- Vorlage von S. 75 in gewünschter Größe kopiert und ausgeschnitten

1. Mehl in eine Schüssel sieben und mit dem Backpulver vermischen. Restliche Zutaten hinzufügen und alles mit dem Rührgerät (Knethaken) zuerst kurz auf niedrigster, dann auf höchster Stufe zu einem Teig verarbeiten. Mit den Händen den Teig zusammenkneten und zu einer Kugel formen. Die Hälfte des Teiges mit grüner Lebensmittelfarbe einfärben. Gut durchkneten!

2. Jeden Teig auf einer leicht bemehlten Arbeitsfläche etwa ½ cm dünn ausrollen, Blattvorlage auf den Teig legen und mit einem Messer ausschneiden.

Blätter auf ein mit Backpapier ausgelegtes Backblech legen und für etwa 5–10 Minuten bei 180 Grad im vorgeheizten Backofen backen.

3. Kekse vollständig erkalten lassen und mit Zuckerschrift und Zuckerguss dekorieren. Für den Guss Puderzucker mit so viel Flüssigkeit vermengen, bis die gewünschte Konsistenz erreicht ist. Wer mag, kann den Guss einfärben. Kekse nach Belieben mit Guss bestreichen und vollständig trocknen lassen, bevor mit Zuckerschrift weitergearbeitet wird.

Blumentöpfchen
aus Beton

Du brauchst:

- (Bastel-)Beton
- Utensilien zum Betonanmischen
- größeres Gefäß, z. B. Becher aus Plastik
- kleineres Gefäß, das in das größere Gefäß passt
- etwas zum Beschweren, z. B. Sand, Steine, Kleingeld
- Schleifpapier
- Vorlage von S. 77
- Schere oder Bastelskalpell
- Klebstoff
- transparenten Sprühlack
- Filzplättchen oder Moosgummireste

Und so geht's:

1. Beton nach Herstellerangaben anmischen.

2. Das größere Gefäß zu etwa ¾ mit Beton füllen. Damit keine Luftblasen im Beton bleiben, das Gefäß mit dem Boden mehrmals leicht auf die Arbeitsfläche klopfen.

3. Das kleinere Gefäß mittig in den Beton im größeren Gefäß drücken, sodass um das kleine herum der Beton nach oben gedrückt wird und einen Rand bildet. Darauf achten, dass der Betonrand überall etwa gleich breit und hoch ist.

4. Mit Sand, Steinen oder Kleingeld das kleinere Gefäß beschweren. Das kleine Gefäß darf aber nicht ganz auf den Boden des größeren Gefäßes stoßen.

5. Beton vollständig aushärten lassen. Das kann eventuell auch mehrere Tage dauern.

6. Beide Gefäße vom Beton lösen. Eventuell müssen sie dafür aufgeschnitten werden.

7. Kleine Unebenheiten am Rand des Betontopfes mit Schmirgelpapier wegschleifen.

8. Vorlage von Seite 77 in gewünschter Größe kopieren und ausschneiden. Mit etwas Klebstoff auf dem Betontopf befestigen und gut trocknen lassen.

9. Um den Aufkleber vor Witterung zu schützen, den Blumentopf außen mit Lack besprühen. Bitte die Herstellerangaben beachten und den Lack lange genug trocknen lassen.

10. Unten am Boden des Topfes kleine Plättchen aus Filz oder Moosgummi anbringen, so verkratzt der Beton keine Tische oder Fensterbänke. Jetzt ist der Blumentopf fertig und kann bepflanzt werden.

An den Hinterbeinen haben auch Zweifinger-faultiere drei Krallen.

MEHR VERRÜCKTE FAKTEN ÜBER FAULTIERE

Kurzsichtig und schwerhörig

Faultiere orientieren sich mit ihrem Tast- und Geruchssinn. Der Sehsinn und das Gehör sind nicht so gut ausgeprägt. Vielleicht hilft das ja beim gechillten Abhängen am Baum: Nichts sehen, nichts hören – einfach entspannen?!

Frühe Faultiere

Die meisten Vorfahren der Faultiere waren größer als unsere heutigen Vertreter und lebten am Boden, nicht in den Baum-kronen. Bis vor rund 10 000 Jahren gab es Riesenfaultiere, die so groß und schwer wurden wie Elefanten.

Scheitel auf dem Bauch

Säugetiere haben ihren Scheitel eigentlich auf dem Kopf oder dem Rücken. Da Faultiere aber die meiste Zeit ihres Lebens kopfüber an Ästen hängen, ist der Scheitel auf dem Bauch superpraktisch. Regen kann so viel besser abfließen.

Spitzenschwimmer

Am Boden krabbelnd wirken Faultiere eher unbeholfen. Dafür können sie aber prima schwimmen. Mit den Vorderarmen kraulen sie durchs Wasser.

Im Wasser sind Faultiere schneller als an Land.

Handyhülle
mit Herausziehhilfe

Du brauchst:

- Pappe
- Korkstoff
- farbigen Bastelfilz
- Bügelvlies
- Maßband
- Schere
- Nähmaschine
- farbiges Nähgarn
- Textilkleber
- Teppichmesser
- selbstklebenden Klettverschluss
- Vorlage von S. 75
- Textilstift
- Bastelskalpell

Und so geht's:

1. Lege dein Handy auf die Pappe und übertrage die Form. Gib überall etwa 1,5 cm zusätzlich dazu. Die Ecken sollten dabei nicht abgerundet sein, sondern einen Winkel von 90 Grad haben. Vorlage ausschneiden.

2. Übertrage die Vorlage jeweils zweimal auf den Korkstoff, auf den Bastelfilz und auf das Bügelvlies. Das Bügelvlies kannst du nun etwas kleiner schneiden, das dient nur zur Verstärkung und soll später nicht zu sehen sein. Für den Verschluss zusätzlich aus dem Korkstoff einen etwa 30 cm langen und 3–5 cm breiten Streifen ausschneiden. Länge und Breite bitte an das eigene Handy anpassen. Der Verschluss wird gleichzeitig die Herausziehhilfe.

3. Nach Herstellerangaben die Vliesstücke auf die Filzteile bügeln und abkühlen lassen.

4. Auf einem der Filzteile den Kork-streifen aufnähen. Dazu die rechte Seite (also die schöne Stoffseite) des Streifens auf den Filz legen und etwa 3 cm vom unteren Rand der kurzen Seite des Filzes festnähen. Der Streifen muss mittig sein.

5. Jedes Filzteil mit der Vliesseite auf die linke Seite der Korkstoff-stücke kleben. Darauf achten, dass der Filz mit dem angenähten Korkstreifen auf das Korkstück geklebt wird, das später die Vorderseite der Handyhülle sein soll. Alles gut trocknen lassen.

6. Nun am oberen Rand der Hüllen-rückseite mit dem Messer einen Schnitt durch alle drei Schichten ma-chen. Der Schnitt sollte mittig sein und groß genug, dass der Korkstreifen hindurchgezogen werden kann.

7. An beiden Hüllenhälften an der oberen Kante mit etwas Abstand zum Rand mit farbigem Garn gerade entlangnähen, damit später die Hülle rundherum eine farbige Naht hat. Bei der Rückseite ist die obere Kante die, die näher am Schlitz ist, und bei der Vorderseite die, die weiter weg vom angenähten Korkstreifen ist.

Tipp:

Wer an der Vorderseite der Handyhülle eine Eingriffsvertiefung möchte, muss das beim Zuschneiden der Teile für die Vorderseite bereits berücksichtigen. Also Korkstoff, Filz und Vlies sollten die leichte Rundung bereits haben, bevor die Teile miteinander verbunden werden.

8. Jetzt die Hälften zum Zusammennähen vorbereiten. Dazu die Hälften mit den linken Seiten aufeinanderlegen. Also die Hülle praktisch so zusammenlegen, wie sie später wirklich aussehen wird. Den Korkstreifen durch den Schlitz ziehen. Damit sich beim Nähen nichts verschiebt, alles mit Klammern befestigen. Hierfür keine Stecknadeln nehmen, denn jedes Loch bleibt im Korkstoff zurück! Den Korkstreifen ggf. auch wegklammern, damit er beim Nähen nicht stört. Am besten mit dem Handy noch mal prüfen, ob es wirklich in die Hülle passt.

9. Nun mit dem farbigen Garn die beiden Hälften mit einem geraden Stich am Rand entlang zusammennähen. Dabei natürlich oben die Öffnung aussparen.

10. Handy wieder in die Hülle stecken. So schiebt sich die Herausziehhilfe nach unten. Jetzt kann man auch genau sehen, wie lang der Korkstreifen über die Vorderseite der Hülle ragt. Wem der Korkstreifen zu lang ist, kann ihn jetzt noch kürzen. Zum Verschließen auf der linken Seite des Korkstreifens ein Stück Klett befestigen und das Gegenstück passend auf der Vorderseite der Hülle anbringen. Dafür unbedingt das Handy in der Hülle lassen.

11. Zum Dekorieren das Handy wieder aus der Hülle nehmen, dafür einfach an der Verschlusslasche ziehen. Das Handy rutscht etwas nach oben und kann leicht entnommen werden. Für den Dekokäfer die Vorlage von Seite 77 kopieren. Mit dem Bastelskalpell vorsichtig den Käfer ausschneiden. Wichtig ist, dass der Umriss des Käfers als Schablone heil bleibt. Schablone auf die gewünschte Stelle auf der Hülle platzieren und die Innenfläche mit dem Textilstift ausmalen. Farbe gut trocknen lassen.

Für Kaffeeliebhaber

Frozen Coffee

Zutaten:
für 2 Portionen
- 2 Espressi
- Zucker nach Belieben
- Zimtpulver nach Belieben
- 2 Tassen Milch

Zubereitung:

1. Zucker nach Belieben im heißen Kaffee auflösen. Je nach Geschmack Zimtpulver dazugeben.

2. Kaffee erkalten lassen, in Eiswürfelförmchen füllen und am besten über Nacht einfrieren.

3. Kaffeeeiswürfel aus dem Gefrierfach holen, auf zwei Gläser verteilen und mit Milch übergießen. Wer mag, kann die Milch auch vorher anwärmen.

Mint meets Coffee

Zutaten:

für 2 Portionen

- Schokoladensoße
- 2 Gläser Latte macchiato
- Zucker nach Belieben
- Vanillezucker nach Belieben
- Minzsirup nach Belieben
- Schokoplättchen
- Minzblätter

Zubereitung:

1. In zwei hohe Gläser etwas Schokoladensoße geben. Darauf dann in jedem Glas einen Latte macchiato zubereiten.

2. Nach Belieben mit Zucker und Vanillezucker süßen und den Minzsirup darübergießen.

3. Mit Schokoplättchen und Minzblättern garnieren.

Tipp:

Statt Schokosoße und Minzsirup einfach vor dem Zubereiten der Latte macchiatos im Wasserbad geschmolzene Minzschokolade in die Gläser geben.

Schoko-Espresso

Zutaten:

für 2 Portionen

- 50 g Zartbitterschokolade
- 2 Espressi
- Zucker nach Belieben
- Vanillearoma nach Belieben
- 100 ml Milch
- Zimtpulver

Zubereitung:

1. Schokolade in Stücke brechen und im Wasserbad schmelzen. Geschmolzene Schokolade auf zwei Gläser verteilen. In jedes Glas einen frisch gebrühten Espresso gießen.

2. Umrühren und nach Belieben mit Zucker und Vanillearoma verfeinern.

3. Milch aufschäumen und auf jedes Glas ein Häubchen Milchschaum geben. Mit Zimt bestreuen.

Nuss-Kaffee-Träumchen

Zutaten:

für 2 Portionen

- 100 g Nugat
- 2 Gläser Latte macchiato
- Zucker nach Belieben
- Schokokaffeebohnen

Zubereitung:

1. Nugat im Wasserbad schmelzen und auf zwei hohe Gläser verteilen.

2. In jedem Glas einen Latte macchiato auf dem geschmolzenen Nugat zubereiten. Nach Belieben süßen.

3. Milchschaum mit Schokokaffeebohnen dekorieren.

Tipp:

Marzipanrohmasse statt Nugat ausprobieren!

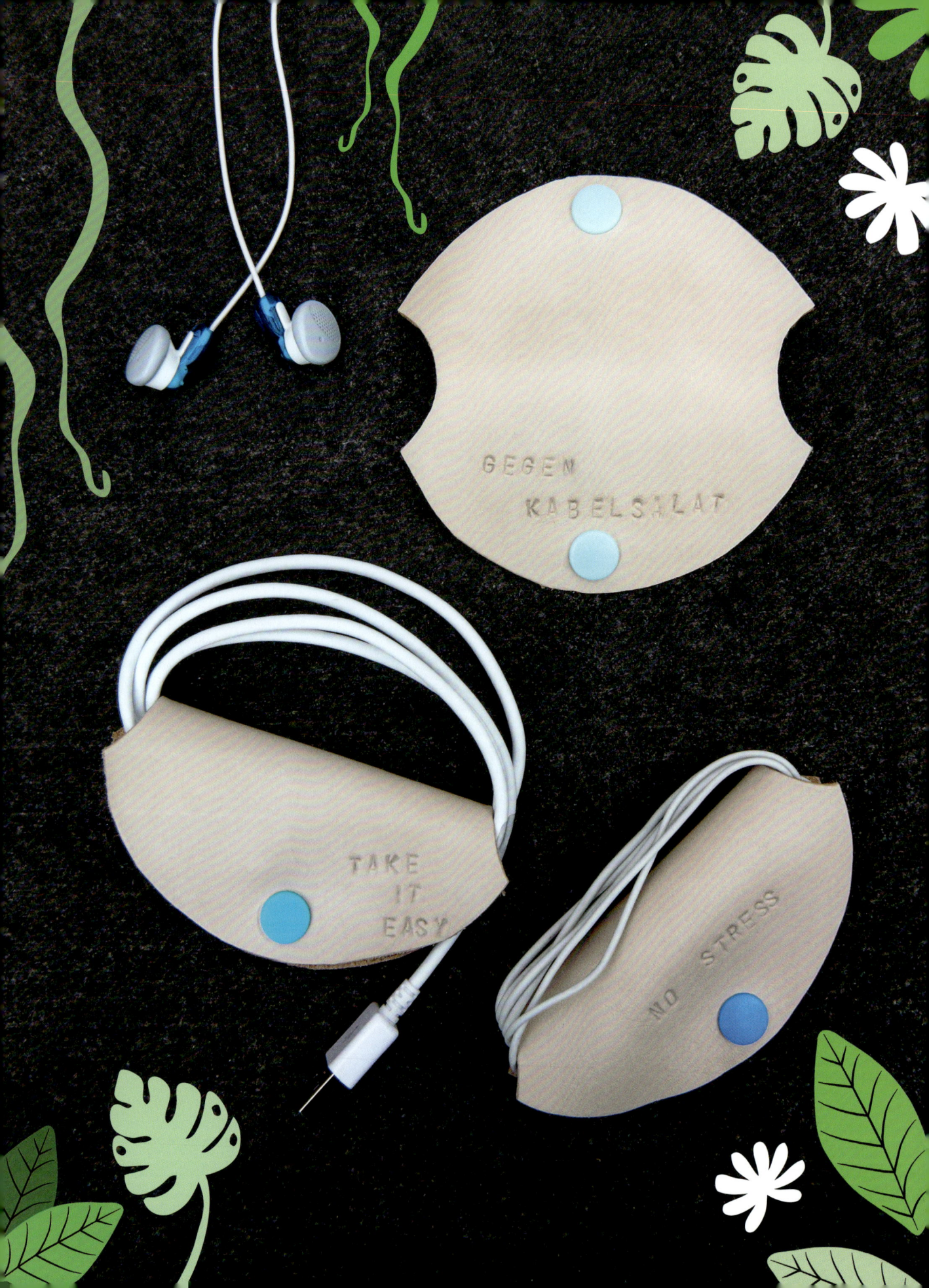

Kabel-Halter
Nie wieder Kabelsalat!

Du brauchst:
- Lederreste, etwa 3–5 mm dick
- Vorlage von S. 77
- ggf. Pappe
- Schere
- Prägebuchstaben
- Hammer
- ggf. Lochzange
- Druckknöpfe
- Druckknopfzange

Und so geht's:

1. Vorlage von Seite 77 auf das Leder übertragen. Am besten dazu eine Schablone aus Pappe herstellen. Form aus dem Leder ausschneiden.

2. Auf der Vorder- und Rückseite nach Herstellerangaben die Druckknöpfe befestigen. Darauf achten, dass sich die beiden Teile auch direkt gegenüberliegen und der Knopf richtig schließen kann. Ggf. muss vor dem Anbringen der Knöpfe jeweils ein kleines Loch mit der Lochzange gemacht werden.

3. Auf der Vorderseite mit den Prägebuchstaben einen Spruch oder Namen einhämmern.

4. Kabel aufwickeln, Halter zuknöpfen und der Kabelsalat in Tasche, Rucksack oder Schublade ist ab jetzt Vergangenheit.

Couch-Poncho

Ideal zum Chillen!

Du brauchst:

- rechteckige Decke, z. B. aus Fleece
- Klammern oder Stecknadeln
- Schneiderkreide
- Schere
- Nähgarn in passender Farbe
- Nähmaschine
- ggf. Schrägband
- waschbares Papier
- Vorlage von S. 75
- Textilstift
- Textilkleber

Und so geht's:

1. Die Decke der Länge nach in der Mitte falten und am besten mit Klammern oder Ähnlichem fixieren. Die Mitte der nun entstandenen Kante markieren. Dort soll später die Mitte des Halsausschnittes sein.

2. Der Ausschnitt muss groß genug sein, dass der Kopf durchpasst, sollte aber auch nicht zu groß sein. Am besten an einem gut sitzenden T-Shirt orientieren. Mithilfe eines Tellers lässt sich nun leicht eine schöne Rundung mit Schneiderkreide auf den Stoff übertragen.

3. Wer vorne einen tieferen Ausschnitt haben möchte als auf der Rückseite des Ponchos, muss den verkleinerten Ausschnitt hinten extra aufzeichnen. Beim Ausschneiden dann darauf achten, nicht beide Stofflagen gleichzeitig auszuschneiden, sonst sind der vordere und der hintere Ausschnitt gleich.

4. Sollte der Poncho an den Schnittkanten ausfransen, die Kanten entweder versäumen oder ein Schrägband einnähen. Wenn man hierfür eine andere Farbe wählt als die des Ponchos, hat man gleich noch einen optischen Hingucker.

5. Den Poncho überziehen und an einer Seite die Stelle markieren, wo die Naht für den Ärmel beginnen soll. Die Ärmelöffnung sollte eher locker sein. Poncho wieder ausziehen und die Abmessung für die Ärmelöffnung auf die andere Seite übertragen. An den markierten Stellen Vorder- und Rückenteil mit einer 20–30 cm langen Naht zusammennähen. Das Vernähen der Fadenenden nicht vergessen! Die Länge der Ärmelnaht hängt davon ab, wie groß die Decke ist und wie nah der Ärmel am Körper beginnen soll.

6. Für das coole Schlafzeichen die Vorlage von Seite 75 auf das waschbare Papier übertragen. Dazu entweder eine Schablone basteln oder eine Kopie der Vorlage durchpausen. Mit einem Textilstift (muss für das Material geeignet sein) die Linien nachfahren und entsprechend der Vorlage ausmalen. Farbe vollständig trocknen lassen, erst dann das Zeichen mit Textilkleber am Poncho befestigen. Alles gut trocknen lassen. Und schon ist der Poncho einsatzbereit zum Chillen und gemütlichen Abhängen.

Das Wetter ist
so herrlich,
da kann man
was unternehmen.

Oh, ein Kissen!

Mini-Amerikaner

Chill Bill zum Vernaschen

Zutaten:
für etwa 12 Stück

Für den Teig:
- 40 g weiche Butter
- 50 g Zucker
- 1 Pck. Vanillezucker
- 5 Tropfen Butter-Vanille-Aroma
- 1 Prise Salz
- 1 Ei
- 125 g Mehl
- 1½ TL Backpulver
- 50 ml Milch

Für die Deko:
- etwa 100 g Puderzucker
- Zitronensaft oder Wasser
- 50 g Marzipanrohmasse
- Kakao

Außerdem:
- etwas Milch zum Bestreichen
- Gefrierbeutel
- Zahnstocher

Und so geht's:

1. Butter mit Zucker, Vanillezucker, Aroma und Salz mit dem Rührgerät (Rührstäbe) verrühren. Ei einrühren. Mehl mit Backpulver mischen, sieben und unterrühren. Milch hinzufügen. Alles kurz miteinander vermischen.

2. Mit zwei Teelöffeln kleine Teighäufchen auf das mit Backpapier ausgelegte Backblech setzen. Häufchen nicht zu dicht nebeneinander platzieren. Mit einem angefeuchteten Messer oder Löffel ggf. nachformen.

3. Mini-Amerikaner für etwa 10–20 Minuten bei 160 Grad im vorgeheizten Backofen backen. Nach etwa 5 Minuten Amerikaner mit etwas Milch bestreichen, dann fertig backen. Vollständig auskühlen lassen.

4. Puderzucker mit so viel Flüssigkeit vermischen, bis die gewünschte Konsistenz für den Zuckerguss erreicht ist. Mini-Amerikaner umdrehen, sodass die glatte Seite oben ist, und mit Guss bestreichen. Guss vollständig trocknen lassen.

5. Für Chill Bills Gesicht Marzipanrohmasse mit einem Esslöffel Puderzucker verkneten. Etwa ⅓ der Marzipanrohmasse beiseitestellen. Den Rest mit Kakao hellbraun einfärben. Davon einen kleinen Teil abzweigen und mit noch mehr Kakao dunkelbraun färben. Beide braunen Marzipanmassen zwischen zwei aufgeschnittenen Gefrierbeuteln dünn ausrollen.

6. Aus der hellbraunen Masse abgerundete Streifen für die Augenflecken ausschneiden. Aus der dunklen Masse Dreiecke für die Nase ausschneiden. Alles im Gesicht platzieren. Aus dem dunkelbraunen Marzipan kleine Kugeln formen, diese flach drücken und als Augen im Gesicht befestigen. Für den Mund eine dünne Wurst rollen und anbringen. Für die Haare aus dem ungefärbten Marzipan kleine Rollen formen und befestigen.

7. Mit einem Zahnstocher einen Punkt Zuckerguss als Pupille in die Augen setzen und mit der sauberen Spitze die Augenbrauen einritzen.

Tipp:
Zum Verzieren statt Marzipan im Wasserbad geschmolzene Schokolade nehmen!

Wenn Faulheit eine olympische Disziplin wäre, wäre ich gerne Vierter, damit ich nicht aufs Treppchen steigen muss.

Blätterschmuck

Hübscher Anhänger

Du brauchst:

- Modelliermasse in Grün und Weiß
- Vorlagen von S. 75
- Messer
- Acrylroller, Nudelholz o. Ä.
- Modellierwerkzeug
- ggf. Glanzlack für Modelliermasse
- Kettenring
- Spitzzange
- dünnes Lederband

Und so geht's:

1. Modelliermasse weich kneten und je nach gewünschtem Farbton Weiß in die grüne Masse einkneten. Für zwei unterschiedlich farbige Blätter in einen Teil der Masse einfach mehr Weiß kneten. Masse gleichmäßig etwa 3 mm dünn ausrollen.

2. Vorlagen von Seite 75 kopieren und ausschneiden. Motivvorlagen auf die ausgerollte Modelliermasse legen und Motive aus der Masse ausschneiden. Kanten ggf. glätten. Zwei Blätter vorbereiten.

3. Blattadern einritzen und dann das kleinere auf dem größeren Blatt befestigen. Durch beide Blätter ein Loch stechen. Den Lochrand ggf. glätten.

4. Blätter auf ein mit Backpapier ausgelegtes Backblech legen und nach Herstellerangaben der Modelliermasse im Backofen backen. Danach abkühlen lassen.

5. Wer seinem Schmuckstück mehr Glanz verleihen möchte, kann die Blätter mit Lack bestreichen. Gut trocknen lassen.

6. Mithilfe der Zange den Kettenring anbringen. Lederband durchfädeln und zu einer Kette verknoten.

EINFACH MAL RUNTERKOMMEN

5 Tipps zur Entspannung

Hier gibt es ein paar Anregungen, um einen Ausgleich für den stressigen Alltag zu finden.

Bewusst atmen

Verschiedene Atemübungen sind super Entspannungshelfer. Hier drei Beispiele:

1. Lege dich entspannt auf den Rücken. Richte deine Aufmerksamkeit ganz gezielt auf deine Atmung. Spüre, wie sich dein Brustkorb und die Bauchdecke heben. Atme bewusst ein paarmal ruhig und tief ein und aus. Lenke dann den Atemstrom erst nur in den Brustkorb, danach nur in den Bauch.

2. Atme gleichmäßig ein und aus, dabei durch die Nase ein- und den Mund ausatmen. Die Atemzüge sollten gleich lang sein, darum beim Atmen zum Beispiel bis sieben zählen.

3. Atme langsam und tief ein, bis der Brustkorb und die Bauchdecke voller Luft sind. Halte den Atem für eine Weile und lass die Luft dann langsam wieder durch den Mund heraus. Diese Atmung ein paarmal wiederholen.

Bonus-Tipp:

Zeit für sich nehmen und entspannen und damit Körper und Seele Gutes tun. Wer vermeintlich keine Zeit dafür hat, sollte sich regelmäßig fixe Entspannungstermine setzen und sich wie bei einem Geschäftstermin daran halten.

Reise durch den Körper

Lege dich entspannt auf den Rücken. Arme seitlich neben den Körper. Was nimmst du wahr? Welches Körperteil spürst du am stärksten auf dem Boden aufliegen? Den Rücken oder den Kopf? Wie fühlen sich die Beine an? Und die Arme? Wandere gedanklich deinen ganzen Körper ab und spüre in dich hinein.

Progressive Muskelentspannung

Lege dich entspannt auf den Boden. Spanne nun gezielt alle Muskeln in deinem Körper an und halte die Spannung. Gleichmäßiges Atmen nicht vergessen! Entspanne jetzt alle Muskeln wieder und spüre in dich hinein. Wie fühlt sich dein Körper an?

Bei der progressiven Muskelentspannung kann man auch gezielt einzelne Muskelgruppen an- und wieder entspannen.

Wellness für Körper und Geist

Ob ein Saunabesuch oder ein entspannendes Bad, Wärme tut verspannten Muskeln gut und lockert sie. Auch eine Massage kann helfen, Verspannungen zu lösen. Sanfter Musik lauschen, ein Spaziergang in der Natur, ein tolles Buch, ein schönes Essen oder einfach mit dem Lieblingsmenschen Zeit verbringen – es gibt viele Möglichkeiten, die Seele baumeln zu lassen.

Nicht alle Übungen und Tipps sind für jeden geeignet. Im Zweifelsfall lieber einen Spezialisten um Rat fragen.

Yoga, Qigong und Co.

Auch viele Bewegungsübungen können helfen, Körper und Geist zu entspannen. Eine Übung aus dem Yoga ist zum Beispiel der Baum:

1. Stelle dich aufrecht, aber entspannt hin. Die Arme hängen locker neben deinem Körper. Die Beine sind gestreckt, die Füße geschlossen, Fußspitzen zeigen nach vorne. Die Fußsohlen liegen flach auf dem Boden, damit dein Körpergewicht gleichmäßig verteilt ist und du einen sicheren Stand hast. Dein Blick ist nach vorne gerichtet. Die Wirbelsäule ist gerade. Atme ein paarmal tief ein und aus, ohne die Schultern dabei zu heben.

2. Ziehe den Bauchnabel Richtung Wirbelsäule und spanne deine Bauchmuskulatur an. Lege die Hände an die Hüften. Hebe dein rechtes Bein bei der nächsten Ausatmung nach oben. Öffne die Hüfte und drehe den rechten Oberschenkel nach außen. Dein Knie sollte nun im rechten Winkel von dir wegzeigen. Lege deinen rechten Fuß an das linke Bein. Der Fuß kann oberhalb des Knies anliegen oder unterhalb, er darf jedoch nicht direkt auf das linke Knie drücken. Das sieht jetzt ähnlich aus wie ein Flamingo. Wichtig ist, dass der Rücken gerade bleibt. Wer noch etwas Schwierigkeiten mit dem Gleichgewicht hat, kann sich auch an einer Wand abstützen oder den rechten Fuß nur an das linke Bein heranziehen, mit den Zehenspitzen aber auf dem Boden bleiben.

3. Lege nun deine Hände auf Höhe der Brust zusammen. Der Körper ist angespannt und gestreckt. Atme ruhig und bewusst weiter ein und aus, deine Gesichtsmuskulatur sollte entspannt bleiben. Nun kannst du auch deine Arme und Hände nach oben über den Kopf strecken.

4. Halte die Stellung eine Weile. Bringe das Bein langsam zurück und setze den Fuß wieder gerade auf den Boden. Nimm auch die Arme herunter. Atme entspannt ein und aus und wiederhole die Übung mit dem linken Bein.

Am besten belegt man einen Kurs. Dort werden verschiedene Übungen gezeigt und die Haltung wird von einem Profi korrigiert.

Laptophülle
aus Filz

Du brauchst:

- Taschenfilz in Grau
- Schere
- Klammern oder Stecknadeln
- Schneiderkreide o. Ä.
- passendes Nähgarn
- Nähmaschine
- Vorlage von S. 76
- Stickgarn in zwei Grüntönen und Schwarz
- Sticknadel mit Spitze
- selbstklebenden Klettverschluss

Und so geht's:

1. Für die Hülle brauchst du ein langes Rechteck aus Filz. Lege deinen Laptop so auf das Filzrechteck, dass zu den Seiten links und rechts jeweils etwa 1,5 cm Filz überstehen. Ist das Rechteck zu breit, schneide es auf die passende Größe zu.

2. Klappe nun den unteren Teil des Rechtecks nach oben, sodass der Filz den Laptop bedeckt. Die Kante sollte aber nicht über deinen Laptop hinausragen. Fixiere die Klappe mit Stecknadeln oder Klammern.

3. Das Gleiche machst du nun von oben. Das wird später der Deckel. Klappe den Filz von oben nach unten über den Laptop. Achte dabei darauf, dass alle Kanten an den Seiten gerade und bündig aufeinanderliegen. Der Deckel sollte nur etwa ⅔ der Tasche bedecken. Kürze die Deckelklappe, wenn nötig.

4. Öffne den Deckel wieder und markiere die Stellen, wo die Seitenkanten der Hülle vernäht werden sollen. Der Laptop sollte leicht in die Hülle geschoben werden können.

5. Den Laptop aus der Hülle nehmen und mit der Nähmaschine die Seiten an den Markierungen verschließen. Das Vernähen der Fäden nicht vergessen!

6. Für die Deko die Blätter von der Vorlage von Seite 76 kopieren und an der gewünschten Stelle auf den Filz übertragen. Mit schwarzem Stickgarn die Konturen und Blattadern der Blätter sticken und mit den grünen Garnen die Flächen füllen. Die Enden der Stickgarne immer gut vernähen.

7. Nun den Laptop wieder in die Hülle schieben, damit die Stellen für die Verschlüsse auch richtig sitzen. Einen Verschluss auf der Innenseite der Klappe im unteren rechten Eck und einen Verschluss im unteren linken Eck (jeweils mit etwas Abstand zu den Kanten) festkleben. Die Gegenstücke jeweils passend auf der Vorderseite der Hülle anbringen. Für sehr kleine Laptops reicht ggf. nur ein Verschluss, den aber besser mittig platzieren.

Aus Langeweile hätte
ich heute fast
gearbeitet.
Man muss aber auch
höllisch
aufpassen.

NOCH MEHR VERRÜCKTE FAKTEN ÜBER FAULTIERE

Gefährliche Geschäfte

Um ihre Notdurft zu verrichten, klettern die meisten Faultiere extra von ihrem Baum. Am Boden sind sie allerdings leichte Beute für ihre Fressfeinde wie Raubkatzen und Riesenschlangen.

Einmal die Woche zur Pinkelpause

Der Stoffwechsel der Faultiere ist von allen Säugetieren der langsamste. Ein Blatt braucht mehrere Wochen, bis es verdaut ist. Daher muss das Faultier auch nur etwa alle sieben Tage sein Geschäft verrichten.

Ai-Ai

Eigentlich sind Faultiere eher ruhige Gesellen, von denen man nicht viel hört. Das Weißkehl-Faultier, ein Dreifingerfaultier, ist aber auch für seine Ai- oder Ai-Ai-Rufe bekannt. Deshalb nennt man es auch Ai. In der Paarungszeit versucht das Weibchen, mit lang gezogenen, schrillen Lauten ein Männchen anzulocken.

Einzelhänger

Mit Mama kuscheln ist noch okay.
Sonst sind Faultiere aber Einzel-
gänger und hängen lieber allein am
Baum.

Faultiere bringen
immer nur ein Junges
zur Welt.

Niedlicher Nützling

Lustiges Lesezeichen

Du brauchst:

- Vorlage von S. 75
- dickeres Papier
- Schere oder Bastelskalpell

Und so geht's:

1. Motiv in der gewünschten Größe auf das dickere Papier kopieren und ausschneiden.

2. Entlang der roten Linien einschneiden.

3. Jetzt kann das Faultier-Lesezeichen in einem Buch einfach lässig eingehängt werden.

Tipp:
In den Vorlagen gibt es noch ein weiteres Motiv.

e Pillen, dann stirbst du. Sic
ß es möglich sei, durch überm
sten Spielarten des Mißgeschickes
riß er doch manchmal derart daran, daß ich beinahe
gezerrt wurde. Ich war mir auch vollkommen dar
laren, daß ich, ich mochte tun, was imme
h nur das eine Ende der Leine in meiner Ge

ußte ich also den bedauernswerten Queeque
rumpf und Tierkörper emporziehen, wenn
iderseitigen Rollens und Schlingerns er
nicht nur von dieser Seite wurde er
sonders beeindruckt durch
einem Gem

kann da einwenden,
Vorsicht die verschie-
Affenleine auch

Vorlagen

Etiketten S. 30

Paperclips S. 16

Paperclips S. 16

Lesezeichen S. 72

Stiftschmuck S. 30

Couch-Poncho S. 52

Handyhülle S. 42

Blattanhänger S. 60

Laptophülle S. 66

Windlicht S. 24

Rucksack S. 18

CHI
LER

Beton-Blumentöpfe S. 38

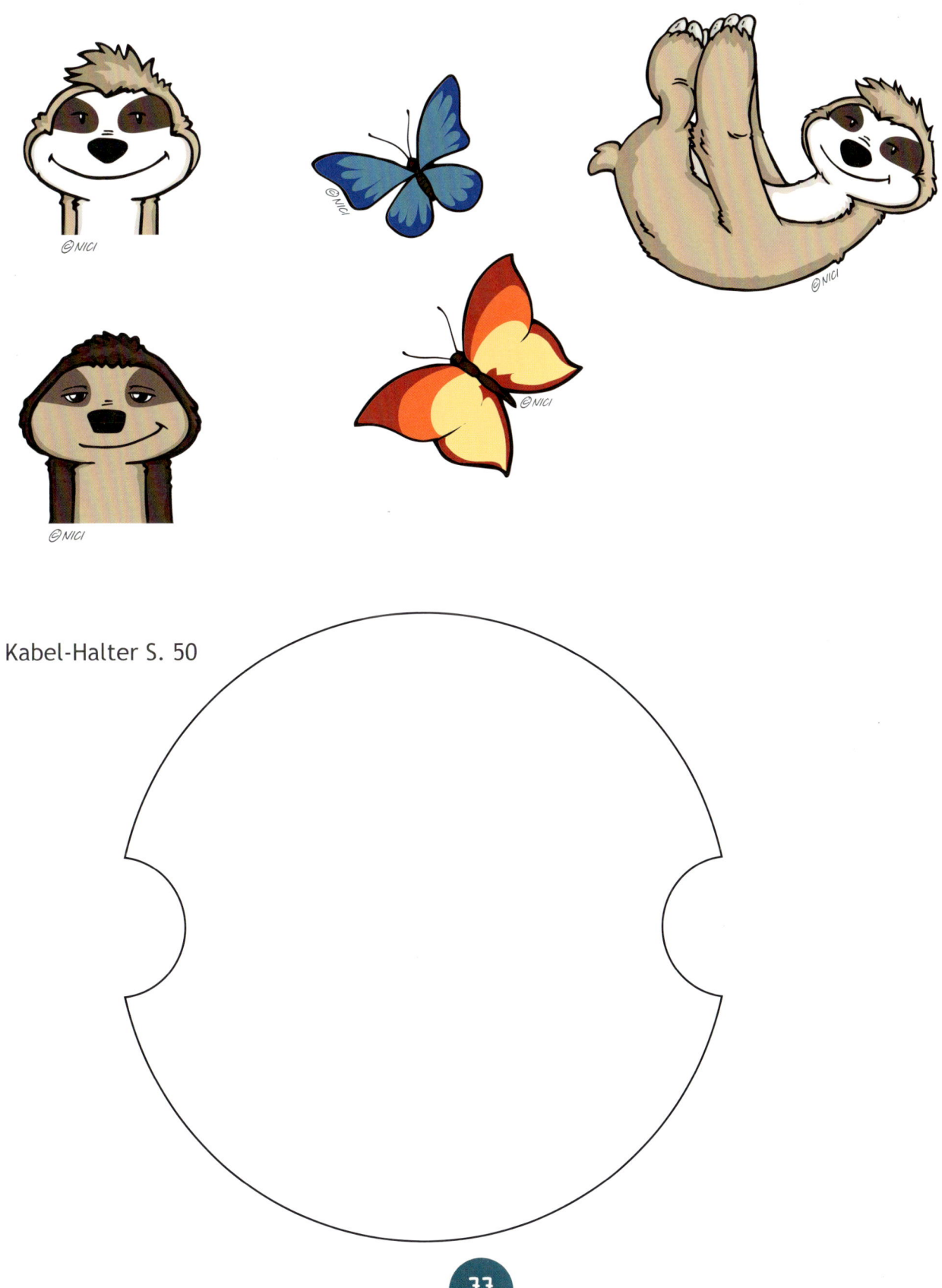

Kabel-Halter S. 50